GIAMPI E L'ASSASSINO A TEATRO

MARIANGELA RAPACCIUOLO e **ROBERTA** TEO

intermedio

COLLANA **IL PIACERE DELLA LETTURA**

Letture graduate in 3 livelli

diretta da Marco Mezzadri

Progetto Grafico: salt & pepper - Perugia
Illustrazioni: salt [2001© Moira Bartoloni]

ISBN 88-7715-541-8

www.guerra-edizioni.com

Stampa: Guerra - Guru S.r.l. - Perugia

Questo libro fa parte del progetto **Rete!**

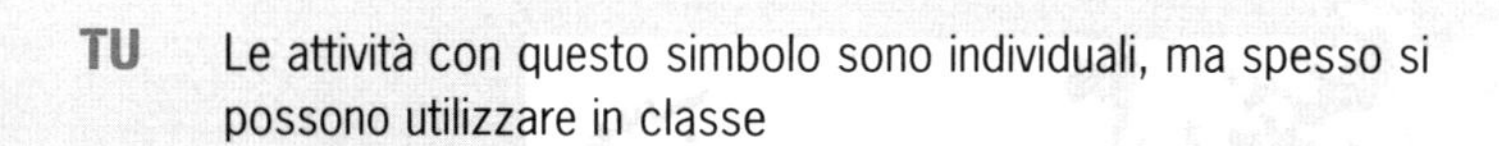

TU Le attività con questo simbolo sono individuali, ma spesso si possono utilizzare in classe

VOI Le attività con questo simbolo vanno svolte in classe o comunque in gruppo o in coppia

Giampi e l'assassino a teatro

CAPITOLO 01

In questo capitolo si parla di teatro. Elenca una serie di parole che hanno relazione con il teatro.

In questo capitolo si parla di teatro. Elencate una serie di parole che hanno relazione con il teatro. Poi a coppie confrontate le vostre liste.

4

edificio: palazzo

tesina: ricerca su un argomento

Bologna, 8 gennaio...

Martina cammina svelta in via Castiglione.
Nevica e per le strade ci sono ancora le decorazioni di Natale. E' un inverno proprio freddo, questo. Martina è contenta, le piace l'inverno. Ha passato delle vacanze bellissime quest'anno, è andata a sciare con il suo nuovo, nuovissimo innamorato a Madonna di Campiglio. Come sono passati in fretta i giorni! Ormai le vacanze di Natale sono finite, tra qualche giorno inizia l'Università. Martina ha fretta di incontrare le amiche, ha tante cose da raccontargli. Tra un pensiero e l'altro è già arrivata davanti al teatro Duse. Un signore anziano le passa vicino ma invece di entrare continua a camminare lungo il muro dell'**edificio**.
"Chi sa dove va - pensa Martina - non c'è niente là dietro."
Martina spinge il portone, entra e, mentre inizia a togliersi la sciarpa e i guanti, Lucia, Laura e Valentina le corrono incontro. Le amiche si abbracciano con gioia, parlano tutte e quattro insieme; si devono raccontare tante cose ma non fanno in tempo, devono entrare perché lo spettacolo sta per iniziare.
Otello, oppure Il **Moro di Venezia** , Atto Primo.
Martina si siede vicino a Laura. Dovranno vedere altri tre spettacoli per preparare la **tesina** per l' Università...

Poche ore più tardi, a casa di Martina...

Le quattro amiche mangiano la pizza sedute sul pavimento. D'ora in poi dovranno incontrarsi tre volte alla settimana a casa di Martina. Dovranno sistemare gli appunti, scrivere la tesina, leggere i libri di critica su Shakespeare. E non solo: alla fine di ogni spettacolo dovranno intervistare le attrici, come hanno fatto stasera. Laura tiene il registratore con l'intervista dell'attrice protagonista, quella cioè che **interpretava** Desdemona. Insomma, il lavoro da fare per questo esame è davvero tanto. Ma è anche un divertimento! Le sere a teatro, gli incontri serali nell'appartamentino di Martina e questa ricerca su Shakespeare...
- Amori nascosti e pericolosi, passioni segrete, odi, gelosie e dietro l'angolo sta la morte... questo è Shakespeare. - dice Laura.
- No, questa è la nostra vita! - risponde Valentina.
Le amiche hanno finito la pizza e stanno **sdraiate** sul pavimento. Martina accende una candela e spegne le luci.
- Ma che dici, Valentina, la nostra vita è così monotona...
- Ti sbagli. - risponde Valentina - La nostra vita è **identica** al teatro che seguiamo. Anzi il teatro è lo specchio della vita!
"Che idee che ha questa Valentina", pensano le due **gemelle**, Laura e Lucia.
- Questo scriviamolo nella tesina. - ride Martina - O meglio: ora che ci occupiamo di queste cose, la nostra vita diventerà lo specchio del teatro che seguiamo...
- Cioè morte e passioni ci aspettano! - grida Valentina, perché le piace tanto **spaventare** le gemelle. Ma questa volta le gemelle ridono.
- Dobbiamo andare, - dice Laura - la situazione a casa è la solita. Se non rientriamo, i nostri non dormono, ci aspettano...
- Comunque, iniziate a dire ai vostri genitori che ogni tanto resterete a dormire qua la sera. - dice Martina alle amiche - Non ho fatto in tempo a raccontarvi niente delle mie vacanze!
- Figurati! - risponde Lucia - Dovevi sentire il nonno quando ha saputo della storia del teatro! Voi non potete immaginare com' è la situazione a casa nostra! - ripete Lucia con un po' d'invidia nella voce per l'indipendenza delle amiche.

5

interpretare: recitare

sdraiarsi: stendersi; es. mi sdraio sul letto per riposarmi

identica: uguale

gemella: sorella nata nello stesso parto

spaventare: fare paura

CAPITOLO 02

1. Leggi velocemente questo articolo del Resto del Carlino.
2. Scrivi su un foglio di carta tutti i nomi, le parole, le informazioni che ricordi.
3. Riguarda i tuoi appunti. Cosa pensi di aver capito?
4. Leggi attentamente l'articolo per verificare le tue ipotesi.

1. Dividetevi in due gruppi e date un'occhiata veloce a questo articolo del Resto del Carlino.
2. Scrivete poi su un foglio di carta tutti i nomi, le parole, le informazioni che ricordate.
3. Un gruppo espone all'altro quello che pensa di aver capito.
4. Leggete attentamente l'articolo per verificare le vostre ipotesi.

7

Un anziano signore legge il giornale seduto a un tavolino del bar delle Sette Chiese, in via Santo Stefano...

- La solita grappa, buon uomo? - chiede il barista e l'anziano signore fa sì con la testa, senza interrompere la lettura.

*Dal **Carlino** del 15 febbraio...*
IL FATTO

*Due omicidi hanno **sconvolto** la tranquilla città di Bologna. Pochi giorni dopo le rappresentazioni teatrali hanno trovato **avvelenate** due attrici. Le due attrici erano le primedonne di due diverse compagnie teatrali, ma avevano una cosa in comune: erano tutte e due interpreti della stessa eroina shakespeariana.*

*Tutti sappiamo che il teatro Duse, tra i più vecchi della nostra città, in collaborazione col dipartimento dell' Arte della Musica e dello Spettacolo (il cosiddetto DAMS) dell'Università di Bologna ha aperto le sue porte ai giovani: quattro giovani compagnie teatrali sono state scelte per interpretare nei primi mesi dell'anno la stessa opera: **Otello***

sconvolgere: provocare disordine; es. la città è sconvolta: la gente è agitata, inquieta, nervosa

avvelenare una persona: darle del veleno per ucciderla

di Shakespeare. L'interessante iniziativa è una specie di ***gara.*** *Infatti la gente voterà per decidere quale sarà la migliore rappresentazione e quindi la migliore compagnia riceverà una* ***borsa di studio.***

Molti studenti del DAMS seguono le rappresentazioni alla fine delle quali dovranno preparare delle tesine. Ma il simpatico gioco si è trasformato in un ***incubo:*** *la paura e il panico crescono nella nostra città, visto che le due attrici protagoniste sono state trovate morte.*

8

Chi e perché ha voluto la morte delle giovani attrici?
Questa è la prima ***angosciante*** *domanda.*
Intanto si avvicina l'11 marzo che è la data del prossimo spettacolo.
Cosa deve fare il Duse?

Questa è la seconda domanda. Continuare? Interrompere? La gente protesta, ha paura ma Piera Pierini, la terza primadonna, insiste:" Interpreterò Desdemona e non mi ucciderà nessuno. Io farò il mio lavoro. La polizia deve fare il suo."
A proposito abbiamo intervistato Giampi, l'assistente dell'ispettore Mollicino che ci ha dato delle speranze.
"Sto facendo delle ricerche e sono sulla buona strada... L'unica cosa che vi posso dire è che ***le apparenze ingannano****... che quattro amiche che studiano teatro, quattro amiche che fanno il DAMS, forse non sono così innocenti come sembrano..."*

gara: una competizione; per es. una gara sportiva

vincere una borsa di studio: ricevere dei soldi per un corso di studi

incubo: un brutto sogno

angosciante: inquietante, preoccupante

le apparenze ingannano: una persona può sembrarci buona, onesta, e invece può non essere così come sembra

L' anziano signore posa, pensieroso, il giornale sul tavolino. Un'ombra cade sul giornale. L'anziano signore alza gli occhi: davanti a lui sta un ragazzo.
- Ciao, Giampi. Guarda qua, giovanotto. I giornali parlano di te - dice l'anziano signore dallo strano sorriso.

CAPITOLO 03

Secondo te, che relazione ci può essere tra Giampi e le quattro ragazze?

11

20 febbraio...

agitato: non tranquillo, nervoso

Abbonato: chi ha l'abbonamento (pagamento anticipato)

- Lucia, Martina, Laura e Valentina! E chi sono?
L'ispettore Mollicino non crede alle sue orecchie. Tiene sotto il naso fotografie e fogli di giornale che il suo giovane aiutante ha buttato sulla scrivania. Il giovane aiutante è molto **agitato**. Gli fa vedere una foto di quattro ragazze e gli legge i programmi del teatro.
- 8 gennaio, 11 febbraio, 11 marzo. Queste sono le date delle rappresentazioni. Ha capito, ispettore? Ho preso dal teatro la lista degli **abbonati**. Chi trovo? Queste quattro... Inizio quindi a seguirle...
- Calma, calma Giampi, che non ho capito niente. Prima di tutto devi stare calmo. L'aiutante di un ispettore deve essere una persona tranquilla. Tu ti agiti troppo... Allora cerca di spiegarmi. Chi sono queste ragazzine?
- Una di loro ispettore, una di loro! O due! O tutte!
- Cosa insomma?
- Una di loro è l'assassina!
Mollicino alza gli occhi al cielo. A lui, proprio a lui, che è sempre stato una persona razionale doveva capitare questo giovanotto per aiutante, uno con la testa fra le nuvole?
- Dammi una sigaretta, figliuolo...
- Ma non doveva smettere di fumare, ispettore?
- Sì, sì ma una sigaretta ogni tanto... Non fare come mia moglie, Giampi!

- Ecco a Lei...
- Senti, Giampi, non ti sarai innamorato di una di queste **mocciose**? Comunque, dicevi che hai iniziato a seguire le ragazze...
- Sì, le avevo già notate dal primo spettacolo. Sa, c'ero andato così, per curiosità, come tutti. Avevo notato questo gruppo di **cinne**, si davano delle arie, sa come sono le donne...
- Al dunque, Giampi, arriviamo al dunque.
- Poi alla fine dello spettacolo queste quattro vanno ad intervistare gli artisti perché sono studentesse del DAMS e devono fare la tesina. Ecco, a me queste donne con tanti **grilli per la testa**...
- Al punto, Giampi, al punto.
- Dopo un giorno salta fuori la prima tragedia. Ci ho pensato subito io, ispettore! Inizio a seguirle, inizio le ricerche sulla vita di ognuna. E se me lo vuole chiedere, ispettore, la risposta al mistero ce l'ho !
- Te lo chiedo, Giampi, - dice Mollicino soffiandogli il fumo in faccia.
Il giovane si piega in avanti, parla tanto piano che l'ispettore fa fatica a sentire.
- Va- len - ti - na ! E' una che ha la madre attrice, attrice di teatro. Lei la odia questa madre ed è anche gelosa, tanto gelosa che si è messa a studiare teatro. Ma non potrà mai essere tanto bella, tanto brava come la madre. Allora odia tutte le attrici...
- E tu come fai a sapere com'è la madre?
- Ma ispettore, Le ho detto che le ho seguite tutte, ho fatto le mie ricerche! E' una donna bellissima questa signora, elegantissima...
- Ehi, ehi, non dirmi che ti sei innamorato anche di questa donna, Giampi!

mocciose: ragazzine

cinne: ragazzine (dialettale, bolognese)

avere tanti grilli per la testa: avere tante idee strane

CAPITOLO 04

1. Come ti immagini la mamma di Valentina?
2. Quale di queste tre figure potrebbe assomigliarle? Perché?

1. Come vi immaginate la mamma di Valentina?
2. Confrontate le vostre idee con i vostri compagni. Iniziate le vostre frasi così: "Secondo me…".
3. Quale di queste tre figure potrebbe assomigliarle? Perché? Discutetene con i vostri compagni. Iniziate le vostre frasi così: "Secondo me…".

Valentina...

Valentina abita in una bellissima villa sui colli. Quando era bambina passava dei pomeriggi interi a giocare alla principessa **imprigionata** nelle enormi stanze della villa. Valentina ha avuto un'infanzia solitaria. La madre, attrice di teatro, è sempre stata una donna molto impegnata. E poi, la sera, la casa era sempre piena di gente: attori, registi, scrittori, donne **raffinate**, uomini di teatro. Bevevano, fumavano, ascoltavano la musica. Tutto era molto chic!
Tra un salotto e l'altro aveva trascorso l'infanzia. Non aveva mai conosciuto il padre e anche se la madre la amava profondamente, in fondo, era sempre stata una madre un po' **distratta**. Era una donna bella, socievole, ambiziosa. Ma era prima di tutto un'attrice e poi una madre. Valentina era diventata anche lei una ragazza bella e raffinata ma anche abbastanza fredda.
Solo quando si trovava con le sue tre amiche mostrava un'altra faccia.
- Molto, molto diversa da me - diceva sua madre - Come siamo diverse, cara... Tu che sei cresciuta in mezzo a tanta gente, sei diventata così chiusa, così solitaria...
Valentina, come al solito, non rispondeva alla madre.
Non le aveva mai detto che la considerava brava come attrice, ma un **fallimento** come madre. Non le aveva mai detto quello che pensava di lei.
Quando era arrivato il momento di decidere quale **facoltà** scegliere, Valentina aveva deciso per il DAMS. La madre si era un po' stupita della scelta.
- Ma perché il DAMS, cara? Io ti ho sempre considerato più pratica, non ho mai notato una tua tendenza verso l'arte... Non sarà per imitare me? Comunque, tesoro, tu puoi fare tutto quello che vuoi...
L'Università era sembrata a Valentina l'inizio della vita vera. Il contatto con le amiche, con tanta gente, gente il cui problema fondamentale non era se usare i quadri di Klimt per una scenografia, ma l'affitto della casa, gli esami, il cosa fare dopo. Iniziava a capire piano piano che una **rabbia** profonda le cresceva dentro, contro la madre e tutto il suo ambiente. Ma nessuno lo sapeva, nessuno lo capiva. Anzi tutti vedevano che Valentina all'Università andava molto bene. Eh, beh, naturale per lei che era cresciuta in un ambiente di artisti!

imprigionata: che è in una prigione, che non è libera

raffinata: elegante

distratta: una persona non attenta

fallimento: fallire significa non avere successo

facoltà: scuola di un'Università

rabbia: ira

CAPITOLO 05

*Valentina è uno dei personaggi sospetti.
Secondo te, chi possono essere gli altri?

26 febbraio... - Nell' ufficio dell' ispettore Mollicino.

18

- Un bravo ispettore, Giampi, è uno che...
- ...che non si dimentica mai il **movente,** ispettore!
- Esatto! Uno che non si dimentica mai il perché. Per esempio, perché mai Valentina dovrebbe uccidere tre attrici di teatro?
- Perché è gelosa della madre. Perché ha avuto un'infanzia triste. E' una tipa silenziosa, strana, non parla mai... Ha uno sguardo... Odia il mondo del teatro e studia teatro...
- Un bravo ispettore dovrebbe inoltre...
- ...considerare tutte le possibilità.
- Bene. Andiamo avanti, quindi.
- Laura e Lucia. Sono due gemelle. Loro studiano teatro perché pensano di potersi così liberare dalla famiglia. Una famiglia tremenda! Il padre le controlla in continuazione, non possono fare tardi, non possono andare a ballare...

L'ispettore Mollicino sta perdendo la pazienza, ma è uno che mantiene sempre il controllo di sé. E come sempre quando si fa **prendere dal nervoso**...

- Dammi una sigaretta, Giampi...
- Non è che sta fumando troppo, ispettore?
- Giampi, scusa se te lo chiedo, ma perché due ragazzine **oppresse** dovrebbero diventare assassine?
- Ma non loro, ispettore! Non loro! E' il padre!
- Il padre? L'ingegnere?
- Sì, è pazzo! Da quando le figlie vanno all'Università lui pensa di non aver più il controllo della famiglia. Là dentro non vivono più, come quando capita qualche **disgrazia.** E non solo le figlie spariscono tutto il giorno **per via dell'**Università ma escono anche la sera con la scusa del teatro e dei loro incontri! Ah, non Le ho ancora detto, ispettore, che le quattro mocciose si incontrano spessissimo la sera a casa di una di loro... Insomma, questo è troppo per l'ingegnere!
- Giampi, scusa se mi ripeto, ma queste tue ricerche sono impressionanti... **Come cavolo fai** a sapere che cosa succede all'interno della famiglia?

Il giovane prende quella sua aria da grandi confidenze:

- Sono diventato amico del nonno! Andiamo tutti i pomeriggi al bar a bere la **grappa**!

movente: il motivo per il quale facciamo qualcosa

farsi prendere dal nervoso: diventare nervosi

oppresso: è una persona non libera

disgrazia: grande sfortuna; es. la morte di un figlio è una disgrazia

per via di: per questo motivo

come cavolo fai: come fai? (enfasi)

grappa: liquore italiano

CAPITOLO 06

Come sarà la famiglia delle gemelle, secondo te?

A casa di Laura e Lucia...

La famiglia delle gemelle è una delle famiglie bene della città. La madre casalinga, il padre ingegnere. C'è anche un nonno di 90 anni, un caratteraccio!
- Bisogna capire - dice sempre la mamma di Laura e Lucia - bisogna avere pazienza con il nonno, ha fatto la guerra, ha visto tante cose...
Questa è una famiglia con abitudini **fisse**. Tutti i giorni mangiano tutti insieme
alle 12,30 e la sera alle 7,30. O meglio, mangiavano tutti insieme perché da quando le gemelle frequentano l'Università nessuno rispetta più le tradizioni familiari. L'ingegnere non è per niente contento di tutto questo. Non è d'accordo con la facoltà che hanno scelto le figlie, con le nuove amiche che si sono fatte. Prima erano ubbidienti e silenziose e ora!
- Chi sa dove saranno tutto il giorno! - **brontola** l'ingegnere con la moglie - E poi questa nuova moda di uscire anche la sera con la scusa del teatro, non mi sta bene!
- Ma Aldo, caro, ormai...
- Ormai cosa? Cosa ormai? Cosa significa questo "ormai"?
- Non sono più bambine, insomma! - **sbotta** la povera signora che è stanca delle lamentele del marito - Lasciale stare...
- Non ti capisco, cara, davvero non ti capisco... Ma a quanto pare io non capisco più nessuno in questa casa...
Insomma la pace in questa famiglia non c'è più. L'ingegnere è sempre di cattivo umore e il nonno dice che una volta le donne che andavano a teatro non erano considerate per niente bene!
Laura e Lucia stanno a casa il meno possibile. Invidiano la libertà delle amiche, le famiglie meno severe, meno tradizionali! Mangiano alla mensa e studiano in biblioteca, la sera vanno al cinema o a teatro o da Martina e rientrano quando tutti a casa dormono già. O così credono...
Perché le gemelle non possono sapere che il nonno spesso le aspetta sveglio e non possono neanche sentirlo quando dice a se stesso:
- In questa casa l'ordine lo riporterò io.

fisse: regolari

brontolare: lamentarsi

sbottare: esplodere, esclamare

CAPITOLO 07

GIAMPI E L'ASSASSINO A TEATRO

22

1° marzo... - Nell'ufficio dell'ispettore Mollicino...

combinare un pasticcio: creare confusione

tradire:
a. la persona amata: andare con un altro
b. un amico : venire meno alla fiducia che un amico ci ha dato

- Ascolta, Giampi, sono contentissimo per te, per le tue nuove amichette, per il nonno che hai conosciuto che sicuramente ti racconterà tante storie sulla seconda guerra mondiale... Tutto questo è molto bello.
Ma qua c'è un assassino, figliuolo! E noi dobbiamo scoprire chi è l'assassino. Ascolta, ragazzo. Tu un giorno diventerai un bravo ispettore, ma mi devi ascoltare.
Chi potrebbe avere interesse nell'uccidere le attrici? Così ti devi muovere...
- Ma delle volte, ispettore... La natura umana, come dice anche Shakespeare, è spesso guidata da passioni e non dalla logica...
- Uhmmm, Shakespeare! Io non ho mai letto Shakespeare! Eh, insomma, questo Shakespeare ha **combinato un bel pasticcio** nella nostra città. Tu non sei furbo, Giampi.
- Forse l'assassino è uno che si sente **tradito**... Come si sentiva tradito Iago...
- Porca miseria, Giampi, un ispettore deve essere pratico! Pratico! In che lingua te lo devo dire? Praticità, razionalità... una sigaretta! Dammi una sigaretta!
- Ecco qua... - Giampi si sente un po' offeso.
- Di' un po'... Dopo tutte queste storie, chi vincerà la borsa di studio?
- Beh, quelli che resteranno vivi...
- Appunto! Lascia stare le ragazzine, Giampi! All'interno delle compagnie teatrali ci dobbiamo muovere! Lì sta l'assassino.

Giampi e l'assassino a teatro

In questo capitolo troverai un altro omicidio. Chi sarà la vittima questa volta?

13 marzo... - Uno dei soliti incontri a casa di Martina...

24

La sveglia suona alle 8 del mattino. Le quattro amiche iniziano a svegliarsi.
- Uffa! Io non ne posso più! - dice Laura ancora distesa sul letto - Sono stanca! **Siamo sempre dietro** a frequentare lezioni, a prendere appunti, a studiare, a seguire spettacoli... Voglio andare in vacanza.
- Prendiamoci una giornata di riposo oggi - dice Lucia con la voce ancora **assonnata**.
- Comunque lo spettacolo di ieri l'altro è stato grandioso - dice la sorella - Che vestiti portavano! E che interpretazione!
- Svegliatevi pigrone! - esclama allegra Martina mentre entra nella stanza - Io sono in piedi già da un'ora. Ho comprato il giornale e sono andata al bar e ho portato delle paste per tutte quante! Su, facciamo colazione! Svegliatevi!
- Mmmm... Fa vedere le paste... - si sente la voce di Valentina.
Una ad una le ragazze entrano nel cucinotto e iniziano a preparare il caffè. Lucia porta le tazze e i piattini sul tavolo del **tinello** dove sta Valentina a leggere il giornale.
- Ma che faccia hai! - le dice l'amica - Che c'è?
- Di nuovo! Ma è assurda questa storia!
Laura e Martina entrano anche loro nel tinello con il caffè, l'aranciata e le paste.
- Non dirmi che c'è stato un altro omicidio!
- Proprio così! Hanno avvelenato anche la terza attrice, poche ore dopo la rappresentazione!
- Poverina! Così bella, così brava!
- E io che sono andata a parlarle! Che impressione!
- Ma questa storia inizia a diventare spaventosa!
- E nessuno fa niente!
Le ragazze iniziano a bere il caffellatte e a mangiare le paste.
- Infatti la gente ieri l'altro a teatro era abbastanza agitata - dice Valentina - C'erano tanti poliziotti in borghese... Ah! non vi ho detto chi ho incontrato fuori dal camerino dell'attrice mentre aspettavo per la solita intervista.
- Chi?

Sono sempre dietro a studiare: studio sempre

assonnato: pieno di sonno

tinello: la stanza che comunica col cucinotto

CESPUGLIO

- Vostro nonno - dice Valentina alle gemelle.
- Il nonno!
- Che strano!
- Ma cosa faceva lì?
- Che ne so. Avrà seguito lo spettacolo.
- Impossibile! E poi che faceva nei camerini?
- Forse voleva un autografo - ride Valentina - Sai come sono gli anziani.
- Ti ha riconosciuto?
- No, figurati! L'ho visto una volta sola quando ero venuta a casa vostra a prendere un libro in prestito.
- Io, infatti, non lo conosco - dice Martina.

Le gemelle non sanno proprio cosa dire.

- Ma perché vi sembra così strano? - chiede Martina - Però, adesso che ci penso, lui lo sapeva che voi due eravate là. Perché non è venuto a salutarvi?
- Beh, questo si spiega. A casa sono tutti molto arrabbiati con noi. Ma **ce ne freghiamo!** Passami lo zucchero.
- Comunque mi viene in mente che ieri sera in quel camerino c'era tanta gente strana - dice Valentina - Ecco lo zucchero.
- Molte cose sono strane ultimamente - dice Martina che si è avvicinata alla finestra - Venite un po' qua.
- Che c'è adesso?
- Non si può fare colazione in santa pace…

Le quattro amiche si affacciano alla finestra del tinello che dà su un giardinetto. L'appartamentino di Martina è a pianterreno. Proprio sotto la finestra c'è un cespuglio enorme…

- Guardate qua, il cespuglio magico! E' cresciuto in una notte! - ride Martina.
- Dai, **innaffiamolo**! - urlano le ragazze e prendono bottiglie e bicchieri.

E così sotto gli occhi delle quattro amiche il cespuglio inizia a correre con due gambe lunghe lunghe che portano i jeans e le scarpe da tennis. Le ragazze si piegano in due dalle risate…

- E chi sarà? Dio, che ridere! Come correva! - fa Lucia.
- Sarà l'ex di Martina. Sono sicura! - dice Valentina - Che tipo!

fregarsene di: non dare importanza; es. me ne frego di quello che dice la gente: non mi interessa quello che dice la gente

innaffiare: dare acqua alle piante

CAPITOLO 09

GIAMPI E L'ASSASSINO A TEATRO

Un cespuglio? Ma chi ci sarà, secondo te, dentro questo cespuglio?

28

sobbalzare: trasalire, di solito di paura

graffiare: non devi tirare la coda al gatto, se no ti graffia!

rendersi conto: capire, accorgersi

Poco dopo...

Un cespuglio entra nell'ufficio dell'ispettore Mollicino che **sobbalza** sulla sedia ma si riprende quasi subito.
- Giampi, ti ho detto mille volte di non venire in ufficio con i tuoi soliti travestimenti. Qua entra della gente importante, cosa penseranno di me? Penseranno che sono pazzo! Mentre qua l'unico pazzo sei tu! Esci dal cespuglio!
- Ma non è facile, ispettore, sono tutto **graffiato**... Ahi! Ecco fatto... Ispettore...
- Dimmi - dice Mollicino - Che c'è stavolta? Ma Gesù! Che aspetto che hai Giampi! Ma che hai fatto?
- Le ho detto che sono tutto graffiato dal cespuglio...
- Ma mi sembri anche molto pallido... E sei tutto bagnato...
- Ispettore, sono andato nel giardino della casa di Martina...
- A fare cosa?
- A fare il cespuglio, no? Insomma a seguire un incontro delle quattro. Mi sono messo sotto la finestra e quelle odiose...
- Che ti hanno fatto?
- **Si sono rese conto**... Sono meno stupide di quanto pensavo... Si è affacciata una alla finestra e...

(Giampi si interrompe un attimo per imitare la voce della ragazza)
- e… "ragazze, ragazze, guardate qua, il giardino è magico! In una sola notte è cresciuto un cespuglio enorme" e insomma mi hanno innaffiato! Quelle odiose, quelle...
- Figlio mio, ma non lo sai che **le donne ne sanno una più del diavolo**! - ride forte Mollicino.
Ma all'improvviso diventa serio.
- Dammi una sigaretta, ragazzo! Insomma qua non abbiamo fatto niente, Giampi! Ne hanno uccisa un'altra! E tu che fai? Giochi a travestirti da cespuglio e a seguire quattro amichette… Ieri l'altro a teatro… Ma che ci facevi ragazzo? Non sarai stato buono buonino a seguirti lo spettacolo, spero?
- Ma certo che no, ispettore, seguivo, osservavo…
- Seguivi, osservavi…Mannaggia, Giampi! E che cosa hai osservato?
- Beh, tutto era regolare, ispett…
- Regolare! E me, non mi hai notato?
- C'era anche Lei?
- E come no! Sono venuto anch'io. E il mio aiutante non mi vede neanche! Ha solo occhi per Lucia, Martina, ecc. ecc.! E non solo non vedi me! Non vedi nessun altro!
Giampi vorrebbe rientrare nel cespuglio per liberarsi dallo sguardo dell' ispettore…
- Lei ha visto qualcuno? - chiede timidamente.
- Come no! Ma in quel momento… Insomma ci ho pensato solo dopo, quando ho letto della morte di quella poveretta… Che **fessi** che siamo stati, Giampi! E dire che tu con tutte queste **fesserie**, insomma con le tue ricerche, sei così vicino…
- Ma ispettore, allora…
- Non chiedermi niente, è solo un sospetto! E prendi questo cespuglio dal mio ufficio! E smettila di offrirmi sempre delle sigarette! Ti ho detto mille volte che devo smettere di fumare!

saperne una più del diavolo: si dice di persona furba

fesso: stupido

fesserie: stupidaggini, sciocchezze

10

Come ti immagini il personaggio di Martina?

Martina...
Martina è una ragazza indipendente e allegra. Vive da sola, lavora part-time e studia. La sua giornata è proprio piena!
In questo periodo Martina si sente molto felice perché è innamorata e sta vivendo una storia bellissima. Tutto il giorno è in giro per i suoi vari impegni (il lavoro, l'Università) e la sera esce con il suo ragazzo: vanno in giro in moto, mangiano una pizza e spesso comprano una bottiglia di vino e vanno sui colli.
La primavera è dolce e Martina e il ragazzo stanno all'aperto a bere, a chiacchierare fino a tardi. Hanno tante cose in comune, tanti progetti... L'unico problema è che Martina non ha mai tempo.
- Ma non puoi lasciare almeno il teatro? - le chiede Giovanni mentre stanno distesi sul prato di parco Cavaglione.
- Ma ormai finisco... E' importante questo lavoro con il teatro... Mi sono stancata tanto a fare questa ricerca... E poi hai visto che storia con tutti questi omicidi!
- Eh, sì questo è proprio un bel mistero - dice il ragazzo.
Ma a dir la verità questo non è il loro unico problema. L'altro problema è l'ex di Martina! E' un ragazzo gelosissimo che non riesce ad accettare che la sua storia con Martina è finita! E li segue e chiama di notte a casa

di Martina e sbatte giù il telefono e manda delle lettere anonime… Insomma è diventato proprio una **seccatura**!
- Guarda che se la **piattola** continua a disturbare chiamo la polizia! - dice arrabbiato Giovanni.
- No, no! - risponde Martina spaventata - E' un bravo ragazzo ma è un po' debole di carattere. Che polizia! E ti ho detto mille volte di non chiamarlo **piattola**! Un tempo gli volevo bene…
Giovanni in fondo al cuore è anche lui geloso. Non è mica tanto contento quando Martina parla con simpatia della piattola, cioè del suo ex e non gli piacciono tanto neanche questi incontri serali con le amiche per preparare la tesina… Ma la voce di Martina lo interrompe dai suoi pensieri:
- Giovanni, ma laggiù non c'era un cespuglio pochi minuti fa?
Giovanni si mette a ridere divertito.
- Forse hai bisogno di vacanze, Martina!
- Ma ti dico che c'era un cespuglio. Un cespuglio che mi ricorda qualcosa..
- Per questo ti voglio bene, perché sei pazza! - ride il ragazzo e l'abbraccia.

seccatura: es. sei una seccatura: sei una persona che disturba, che dà fastidio

piattola: animaletto parassita dell' uomo; (fig.) persona della quale non possiamo liberarci

C APIT OLO 11

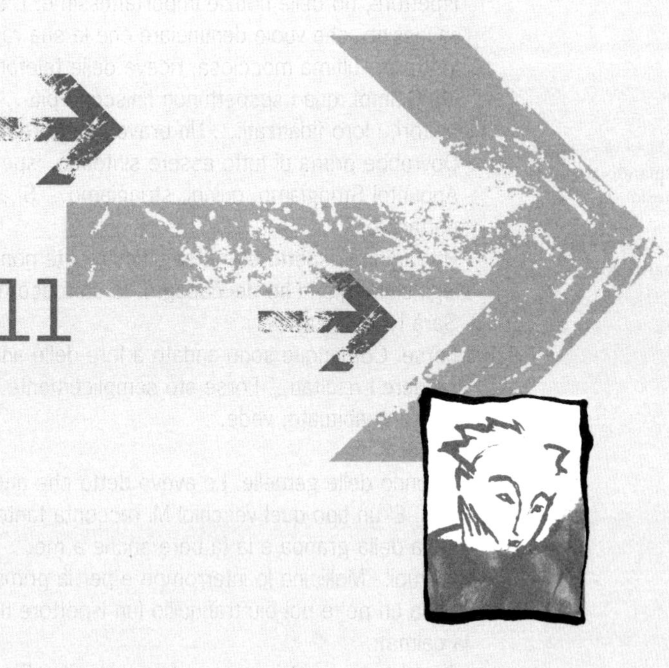

* Giampi non si sente bene.
Secondo te, quale può essere il motivo?

A coppie scrivete tre cause possibili per il malessere di Giampi. Poi con tutta la classe verificate qual è l'ipotesi più frequente.

1° aprile...

Avere dei capogiri: quando ti gira la testa

influenza: un forte raffreddore

- Ispettore!
- Che c'è adesso Giampi?
- Ispettore, ho delle notizie importantissime. C'è un tipo, probabilmente l'assassino, che vuole denunciare che la sua ragazza, Martina, capisce, ispettore, l'ultima mocciosa, riceve delle telefonate anonime...
- Ma Giampi, qua i sospetti non finiscono più... Le quattro ragazze, i loro genitori, i loro fidanzati,... Un bravo ispettore, Giampi...
- Dovrebbe prima di tutto essere sintetico, ispettore !
- Appunto! Stringiamo, quindi, stringiamo... Si avvicina la data dell'ultimo spettacolo.
- Ha ragione, ispettore, ma sa ultimamente non mi sento molto bene... Negli ultimi giorni ho dei **capogiri**, lo stomaco mi dà fastidio...
- Sarà l'**influenza**...
- Forse. Comunque sono andato a fare delle analisi. Domani andrò a prendere i risultati... Forse sto semplicemente bevendo troppa grappa... Non sono abituato, vede...
- Cosa?
- Il nonno delle gemelle. Le avevo detto che andiamo tutti i pomeriggi al bar... E' un tipo quel vecchio! Mi racconta tante storie... Ma ha questa mania della grappa e la fa bere anche a me...
- Giampi! - Mollicino lo interrompe e per la prima volta sembra agitato! Pensa un po' e poi più tranquillo (un ispettore non dovrebbe mai perdere la calma):
- Domani, ti incontri con questo vecchietto, Giampi?
- Come no, al bar... alle 7 del pomeriggio, come al solito...
- Bene, bene... Riposati Giampi, domani. Anzi le tue analisi vado a ritirarle io...E non bere grappa, mi raccomando... Quel che è troppo è troppo...

CAPITOLO 12

grappa
G

*In questo ultimo capitolo c'è la soluzione del mistero.
Prima di leggerlo, quale potrebbe essere la tua soluzione?

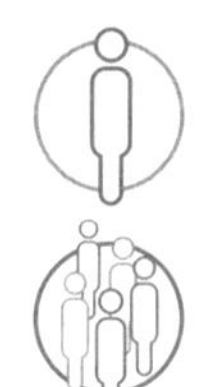

Prima di leggerlo, sentiamo la vostra! A coppie trovate una soluzione. Poi con tutta la classe ascoltate le soluzioni dei vostri compagni e scegliete quella che preferite.

Il giorno dopo - Bar delle Sette Chiese...

- Butta via questo bicchiere di grappa, Giampi! Dov'è la bottiglia? La voglio esaminare! E Lei è in arresto! Deve venire con me!
Piazza delle Sette Chiese è deserta a quest'ora. Seduti al bar di via Santo Stefano ci sono solo Giampi con un vecchietto. E la voce dell'ispettore Mollicino suona stranamente forte. Giampi non l'ha mai visto così serio e imponente. Mollicino gli dà una busta.
- Le tue analisi, giovanotto! Ti stava avvelenando! Come ha avvelenato quelle povere attrici...
Il nonno si alza.
- Ben fatto ispettore! In fondo mi dispiaceva **far fuori** questo ragazzo, è simpatico... Ma quando uno inizia qualcosa la deve finire!
- Deve essere difficile avere 90 anni oggi - dice in un tono più dolce l'ispettore.
- Io ho voluto dare un esempio di vita alle mie nipoti! Non sopporto questa mancanza di valori dei nostri giorni...
Giampi e l'ispettore si guardano come per dire che il vecchietto **è fuori di testa**...
- E quelle poverette? - chiede gentilmente Mollicino - Le tre attrici?
La voce del nonno diventa profonda:
- Oggi la gente pensa di poter controllare tutto... Poveretti! E chi siamo noi? Cos'è la morte, cos'è la vita? Noi facciamo parte di un gioco.
Se quelle tre sono morte significa che dovevano morire. Significa che il loro momento era arrivato. Non capite? Se non le uccidevo io, morivano in un altro modo. Niente è casuale in questa vita! Le persone sbagliano perché credono al caso. Ma niente è casuale! Tutto capita perché deve capitare... La voce del vecchio in quella piazza deserta fa quasi paura...
"Certo è un poveretto che è diventato pazzo", pensa Giampi.
"Ma i pazzi dicono delle mezze verità... Che mistero è la vita..."
- Sono sicuro che il Giudice capirà - dice serio Mollicino mentre passa le manette allo strano vecchietto.

Fare fuori: uccidere

essere fuori di testa: essere matto

EPILOGO

Nell'ufficio dell'ispettore Mollicino...

L'ispettore Mollicino sta leggendo il giornale ad alta voce.
- *"...uno strano vecchietto entrava di nascosto nel camerino delle sfortunate attrici e offriva loro un bicchierino di grappa avvelenata... Questa è la soluzione del mistero..."* - Dammi una sigaretta, figliuolo...
- Ecco qua...
- *"...è un caso di follia? O di troppa solitudine? Oppure è colpa di una società che ha poco spazio, poco tempo per gli anziani? "*
- Ispettore...
- Umh...
- In questo caso, ispettore, il movente...
- Cosa?
- Dico, il movente... perché Lei ha detto...
- Cosa ho detto io?
- Lei ha detto che un bravo ispettore non dovrebbe mai dimenticarsi il movente...
- E allora?
- Beh, in questo caso il movente non c'era proprio...
- Non c'era?
- Eh no! Sa, io Le avevo detto...
- Cosa avevi detto tu?
- ...della natura umana, di Shakespeare, ma Lei...
- Sai Giampi, a proposito di quello che ti ho detto e mi hai detto mi sono proprio dimenticato di dirti una cosa!
- Sarebbe?
- Una cosa che non dovrebbe mai succedere a un bravo ispettore...
- Cioè?
- Un bravo ispettore, figliuolo, non dovrebbe mai e poi mai...
- Mai e poi mai...
- Farsi avvelenare! - conclude Mollicino, soffiando trionfamente il fumo in faccia al suo aiutante.

FINE

Ma... secondo voi, un assassino può essere una persona completamente "normale"? Discutetene tra voi.

ATTIVITÀ

capitolo 1

A. Rispondi alle domande.

1. Chi è Martina?
2. Dove si trova?
3. Com'è il tempo?
4. Dove va?
5. Dove ha passato le vacanze natalizie e con chi?
6. Chi sono Laura, Lucia e Valentina?
8. Le ragazze studiano o lavorano?
9. Chi incontra Martina davanti al Duse?
10. Dove va l'anziano signore?
11. Dove vanno le ragazze dopo lo spettacolo?
12. Che cosa dovranno fare?
13. Capite la frase "il teatro è lo specchio della vita e la vita è lo specchio del teatro"? La potete spiegare?
14. Perché le due gemelle devono andare via presto?
15. Perché Lucia prima di andare via "ha un po' di invidia nella voce?"

B. Scegli l'affermazione giusta.

1. "Martina cammina svelta", significa che cammina
a. veloce
b. lentamente
c. da sola

2. "Tra qualche giorno", significa
a. tra molti giorni
b. tra pochi giorni
c. tra un giorno

3. "Lo spettacolo sta per iniziare", significa che
a. è già iniziato
b. inizia fra poco
c. non inizia più

C. Completa il testo con le parole mancanti, scegliendo tra le parole del riquadro.

Poche ore più tardi, a casa di Martina, le due amiche 1._______________ la pizza sedute sul pavimento. D' 2._______________ in poi dovranno incontrarsi tre 3._______________ alla settimana a casa di Martina. Dovranno 4._______________ gli appunti, scrivere la tesina, 5. _______________ i libri di critica su Shakespeare. 6. _______________ non solo: alla fine di 7._______________ spettacolo dovranno intervistare le attrici, 8._______________ hanno fatto stasera.

a. sistemare **b.** ora **c.** volte. **d.** E **e.** ogni **f.** mangiano **g.** come **h.** leggere

capitolo 2

A. Rispondi alle domande.

1. Chi legge il giornale?
2. Che cosa ha organizzato il Duse in collaborazione con il DAMS?
3. Alla fine della gara che cosa riceverà la migliore compagnia teatrale?
4. Ma perché il gioco si è trasformato in un incubo?
5. Che cosa deve decidere il Duse?
6. Che cosa farà Piera Pierini?
7. Che cosa significa "le apparenze ingannano" secondo l'assistente dell'ispettore Mollicino?

B. Ricostruisci il testo mettendo i paragrafi nell'ordine giusto.

1. Le due attrici erano le prime donne di due diverse compagnie teatrali, ma avevano una cosa in comune: erano tutte e due interpreti della stessa eroina shakesperiana.
2. Due omicidi hanno sconvolto la città di Bologna.
3. Pochi giorni dopo le rappresentazioni teatrali hanno trovato avvelenate due attrici teatrali.

C. Il Resto del Carlino è il giornale locale di Bologna. Per saperne di più vai al sito: http:// ilrestodelcarlino.monrif.

Conosci qualche altro giornale italiano?
Leggi spesso i giornali? Quali articoli ti interessano di più?

Chiedete a un vostro compagno se legge il giornale e se conosce qualche giornale italiano.

capitolo 3

A. Scegli l'affermazione giusta.

1. L'ispettore Mollicino è sempre stato una persona
a. sensibile
b. logica
c. modesta

2. Il giovane aiutante è un tipo
a. agitato
b. razionale
c. calmo

3. Una persona con la testa fra le nuvole
a. è troppo alta
b. non è ottimista
c. è distratta

4. L'ispettore
a. fuma solo sigari
b. non ha mai fumato
c. vuole smettere di fumare

5. "Giampi, non ti sarai innamorato...", significa
a. forse ti sei innamorato
b. ti innamorerai
c. sei stato innamorato

6. La prima volta che Giampi è andato al Duse, c'è andato perché voleva
a. conoscere le ragazze
b. vedere lo spettacolo
c. scoprire l' assassino

7. L'ispettore fa fatica a sentire perché
a. il giovane parla a bassa voce
b. ha problemi di udito
c. il giovane si piega in avanti

8. Giampi dice che Valentina
a. è un'attrice di teatro
b. è gelosa della madre
c. è una ragazza distratta

B. Rispondi alle domande.
1. Chi è l'assassino secondo Giampi?
2. Che cosa pensa l'ispettore delle teorie del suo aiutante?

C.
1. Scrivi i verbi corrispondenti alle professioni elencate.
Che cosa fanno ?
a. Un attore ? ______________________
b. Un giornalista? ______________________
c. Un ispettore di polizia? ______________________
d. Uno studente? ______________________

2. Spiega questa frase:
".. al dunque, arriviamo al dunque".

capitolo 4

A. Rispondi alle domande.

1. Come ha passato l'infanzia Valentina?
2. Che cosa succedeva la sera a casa di Valentina?
3. Che tipo è la madre?
4. Che cosa significa la frase "...era prima di tutto un'attrice e poi una madre?"
5. Che tipo è Valentina?
6. Com'è la gente che Valentina ha conosciuto all'Università?
7. Che sentimenti nutre Valentina verso la madre?

B. Scegli l'affermazione giusta.

1. Enorme significa molto

a. piccolo
b. grande
c. normale

2. Venire su significa

a. crescere
b. salire
c. alzarsi

3. Una persona molto impegnata

a. è molto conosciuta
b. è molto brava
c. ha molto da fare

C. Raccontate come si comportano le seguenti persone in varie occasioni. Poi drammatizzate la scena, immaginando dei dialoghi. Lavorate a coppie o a piccoli gruppi.

a. Un ragazzo geloso della partner (a una festa).
b. Un bambino curioso (a scuola).
c. Una donna che si dà delle arie (a un ricevimento).

capitolo 5

A. Scegli l'affermazione giusta.

1. Secondo l' ispettore Mollicino un bravo ispettore dovrebbe
a. capire perché un assassino uccide
b. avere una memoria molto buona
c. osservare il comportamento della gente

2. I sospetti cadono su Valentina perché
a. è meno bella ed elegante della madre
b. è una persona molto invidiosa
c. ha un rapporto difficile con la madre

3. L'ispettore sta perdendo la pazienza perché
a. è impaziente e nervoso di carattere
b. ha voglia di fumarsi una sigaretta
c. le teorie del suo aiutante sono confuse

4. I sospetti cadono sul padre delle gemelle perché è
a. geloso delle figlie
b. una persona isterica
c. un tipo nervoso

5. Giampi conosce molte cose sulla famiglia delle gemelle perché è diventato amico
a. del padre
b. del nonno
c. delle gemelle

B. A chi o a cosa si riferiscono i pronomi in neretto?

1. Laura e Lucia studiano teatro per sentirsi più libere. Il padre infatti **le** controlla continuamente.

le ______________________

2. Giampi, scusa se te **lo** chiedo, ma perché due ragazzine oppresse dovrebbero diventare assassine?

lo ______________________

3. Ah, ispettore, non **Le** ho ancora detto che le ragazze si incontrano ogni sera.

Le ______________________

C. Date dei sinonimi.

1. iniziare =
2. anziano =
3. edificio =
4. spettacolo =
5. invidia =
6. identico =

capitolo 6

A. Scegli l'affermazione giusta.

1. La famiglia delle gemelle è una famiglia
a. originale
b. tradizionale
c. strana

2. Il nonno è una persona
a. difficile
b. indifferente
c. serena

3. La mamma dice che bisogna avere pazienza con
a. l'ingegnere
b. le gemelle
c. il nonno

4. Laura e Lucia
a. cercano di accontentare il padre
b. hanno un atteggiamento indipendente
c. cercano di assomigliare alla madre

5. Ultimamente il padre delle ragazze è sempre
a. allegro
b. nervoso
c. di buon umore

B. Le seguenti affermazioni sono vere o false?

Da quando le gemelle frequentano l'Università, l'ingegnere

a. va sempre a teatro	V	F
b. non è contento della facoltà che hanno scelto le figlie	V	F
c. non sa dove sono e cosa fanno le figlie	V	F
d. dice che le ragazze sono troppo silenziose e questo lo preoccupa	V	F
e. è sempre insoddisfatto	V	F
f. brontola con la moglie	V	F

C. Metti in ordine le frasi.

1. O meglio mangiavano tutti insieme perché da quando
2. L'ingegnere non è per niente contento di tutto questo.
3. Questa è una famiglia con abitudini fisse.
4. le gemelle frequentano l'università
5. Tutti i giorni mangiano tutti insieme alle 12.30 e alle 7.30.
6. nessuno rispetta più le tradizioni familiari.

A. Rispondi alle domande.

1. Perché l'ispettore Mollicino dice che probabilmente l'assassino è qualcuno all'interno delle compagnie teatrali?
2. Che cosa dice Giampi della natura umana?
3. Come dev'essere un ispettore secondo Mollicino?
4. Giampi ha le caratteristiche che un ispettore dovrebbe avere?

B. Che confusione! Il computer è impazzito e ha cambiato l'ordine di alcune parole. Prova a metterle tu nel punto giusto.

Ascolta Giampi, sono contentissimo per te, per le tue nuove ***attrici****, per il nonno che hai conosciuto che* ***qua*** *ti racconterà tante storie sulla seconda guerra mondiale... tutto questo è molto bello. Ma* ***sicuramente*** *c'è un assassinio, figliuolo! e noi dobbiamo* ***muovere*** *chi è l'assassino. Ascolta,* ***ispettore****! Tu un giorno diventerai un bravo* ***ragazzo*** *ma mi devi ascoltare. Chi potrebbe avere interesse nell'uccidere le* ***amichette****? Così ti devi* ***scoprire****...*

Chiedete a un vostro compagno se va mai a teatro e che tipo di spettacolo preferisce vedere.

capitolo 8

A. Rispondi alle domande.

1. Dove sono le ragazze?
2. Cosa stanno facendo?
3. Perché Laura è stanca?
4. Cosa legge Valentina sul giornale?
5. Chi è stato trovato avvelenato?
6. Che cosa succedeva di strano la sera prima a teatro?
7. Cosa c'è sotto la finestra di Martina?
8. Cosa intende Martina quando dice che il cespuglio è magico?
9. Cosa fanno le ragazze?
10. Cosa fa... il cespuglio?

B. Abbina la colonna di destra a quella di sinistra.

1. Laura	**a.** è allegra
2. Lucia	**b.** è stanca
3. Martina	**c.** ride
4. Valentina	**d.** ha sonno

C.

Descrivi i personaggi di questa storia.

Parlate tra di voi e descrivete un vostro compagno di classe.
Avete un nonno? Descrivetelo.

capitolo 9

A. Rispondi alle domande.

1. Perché l'ispettore sobbalza sulla sedia?
2. Perché Giampi si è travestito da cespuglio?
3. Perché Giampi è tutto bagnato?
4. Puoi spiegare la frase "le donne ne sanno una più del diavolo?"
5. Dove è andato l'ispettore la sera precedente?
6. Perché è arrabbiato col suo aiutante?

B. Sostituisci le parole sottolineate con dei sinonimi o delle espressioni equivalenti.

1. Lo spettacolo è stato grandioso.
2. Ma è assurda questa storia!
3. La gente ieri l' altro a teatro era abbastanza nervosa.
4. Io non ce la faccio più!
5. Hai capito Giampi? Così ti devi muovere.
6. Non mi viene in mente il numero di telefono di Paolo.
7. Tutto era regolare, ispettore.
8. Hai solo occhi per Lucia!

C.

Lavorate a coppie. Siete due amici che discutono di un'opera tetrale, iniziate le frasi così:

- Mi è piaciuta perché….
- A me invece non è piaciuta perché….

capitolo 10

A. Scegli l' affermazione giusta.

1. Martina è una ragazza

a. pigra
b. attiva
c. insicura

2. Martina ha poco tempo libero perché

a. ha molti hobby
b. ha molti fidanzati
c. studia e lavora.

3. Di solito la sera Martina e il suo ragazzo mangiano

a. al ristorante
b. a casa
c. in pizzeria

4. Giovanni è scontento perchè Martina

a. è troppo impegnata
b. va spesso a teatro
c. vede ancora il suo ex

5. Giovanni le chiede di

a. lasciare il teatro
b. lasciare il suo ex
c. andare con lui a teatro

6. L'ex di Martina
a. scrive a Martina delle lettere anonime.
b. va a teatro con Martina e le amiche
c. va a giocare a biliardo con Giovanni

B. A chi o a cosa si riferiscono i pronomi in neretto?

E' un bravo ragazzo, ma un po' debole di carattere. E ti ho detto mille volte di non chiamar**lo** piattola! Un tempo **gli** volevo bene. Giovanni è geloso e non è contento quando Martina parla con simpatia del suo ex e non **gli** piacciono nemmeno questi inontri serali con le amiche.

1. **lo** ____________________
2. **gli** ____________________
3. **gli** ____________________

C. Trova i contrari.

1. iniziare #
2. spingere #
3. entrare #
4. togliersi #
5. accendere #
6. davanti a #
7. vicino a #
8. odio #
9. anziano #
10. gioia #
11. morte #

capitolo 11

A. Rispondi alle domande.

1. Perché Giampi telefona a Mollicino?
2. Che cosa risponde Mollicino?
3. Perché Giampi è andato a fare delle analisi?
4. Perché l' ispettore ha deciso di andare a ritirare le analisi di Giampi?

B. Trova l'intruso.

1. allegro - contento - triste - lieto - felice
2. biscotto - dolce - torta - ciambella - polpetta
3. dolce - sgradevole - piacevole - sereno - benevolo
4. debole - fiacco - robusto - indebolito -fragile
5. spaghetti - tagliatelle - broccolo - fusilli - penne
6. bianco - arancio - rosso - verde - giallo

C. Che confusione! Le parole di ogni frase hanno cambiato posto. Rimettile in ordine.

1. detto che avevo Le al giorni tutti bar i andiamo.
2. vecchio tipo È quel storie! mi tante un racconta.
3. Ha mania me fa la questa a grappa e bere della anche

1. ______________________________
2. ______________________________
3. ______________________________

capitolo 12

A. Rispondi alle domande.

1. Dove sono Giampi e il nonno?
2. Cosa fanno?
3. Chi li interrompe?
4. Perché l'ispettore vuole esaminare la bottiglia della grappa?
5. Di che cosa è colpevole il vecchio?
6. Come si giustifica?

B.

1. Ora fa' il riassunto della storia.
2. Per fare il riassunto prendi degli appunti per ogni capitolo separatamente e poi cerca di metterli insieme.
3. Cosa scrivi negli appunti?

1. A coppie provate a fare il riassunto della storia.
2. Per fare il riassunto prendete degli appunti per ogni capitolo separatamente e poi cercate di metterli insieme.
3. Cosa scrivete negli appunti?

C. E ... per finire...

Trova un altro titolo alla storia!

Qual è il personaggio che vi è piaciuto di più? Quale non vi è piaciuto? Perché?
a. Mi è piaciuto .... perché ....
b. Non mi è piaciuto .... perché............

Avevate capito che l'assassino era il nonno?
a. Sì, perché.......
b. No, perché......

fine

O forse no! Se il finale non vi è piaciuto:

Scrivi un altro finale per la storia.

A coppie scrivete un altro finale per la storia. Poi con tutta la classe confrontate i vostri finali e sceglicte il più originale.

CAPITOLO 1

B. Scegli l'affermazione giusta

1.a / 2.b / 3.b

C. Completa il testo con le parole mancanti, scegliendo tra le parole date

1.f / 2.b / 3.c / 4.a / 5.h / 6.d / 7.e / 8.g

CAPITOLO 2

B. Ricostruisci il testo mettendo i paragrafi nell'ordine giusto

2,3,1

CAPITOLO 3

A. Scegli l'affermazione giusta

1.b / 2.a / 3.c / 4.c / 5.a / 6.c / 7.a / 8.b

C. Scrivi i verbi corrispondenti alle professioni elencate

recitare / intervistare, scrivere / interrogare, fare indagini / studiare

Spiega questa frase

concludiamo il discorso

CAPITOLO 4

B. Scegli l'affermazione giusta

1.b / 2.a / 3.c

CAPITOLO 5

A. Scegli l'affermazione giusta

1.a / 2.c / 3.c / 4.a / 5.b

B. A chi o a cosa si riferiscono i pronomi in neretto?

Laura e Lucia / questo, questa cosa / a Lei, ispettore

C. Date dei sinonimi

cominciare / vecchio / palazzo / rappresentazione / gelosia / uguale

CAPITOLO 6

A. Scegli l'affermazione giusta

1.b / 2.a / 3.c / 4.b / 5.b

B. Le seguenti affermazioni sono vere o false?

F / V / V / F / V / V

C. Ricostruisci il testo dato in ordine sparso

3,5,1,4,6,2

CAPITOLO 7

B. Che confusione! Il computer è impazzito e ha cambiato l'ordine di alcune parole. Prova a metterle tu nel punto giusto.

amichette, sicuramente, qua, scoprire, ragazzo,ispettore, attrici, muovere

CAPITOLO 8

B. Abbina la colonna di destra con quella di sinistra

1.b / 2.d / 3.a / 4.c

CAPITOLO 9

B. Sostituisci le parole sottolineate con dei sinonimi o delle espressioni equivalenti

1. meraviglioso / 2. strana / 3.agitata / 4.non posso, non resisto più / 5. fare, agire / 6. non ricordo / 7. normale / 8. ti interessa solo

CAPITOLO 10

A. Scegli l'affermazione giusta

1.b / 2.c / 3.c / 4.a / 5.a / 6.a

B. A chi o a cosa si riferiscono i pronomi in neretto?

il ragazzo / a lui, al ragazzo / a Giovanni

C. Trova i contrari

finire / tirare / uscire / mettersi / spegnere / dietro / lontano da / amore / giovane / tristezza / vita

CAPITOLO 11

B. Trova l'intruso

triste / polpetta / sgradevole / robusto / broccolo / arancio

C. Che confusione! Le parole di ogni frase hanno cambiato posto. Rimettile in ordine.

Le avevo detto che tutti i giorni andiamo al bar.
E' un tipo quel vecchio! Mi racconta tante storie!
Ha questa mania della grappa e la fa bere anche a me!

Finito di stampare nel mese di settembre 2001
da Guerra guru s.r.l. - Via A. Manna, 25 - 06132 Perugia
Tel. +39 075 5289090 - Fax +39 075 5288244
E-mail: geinfo@guerra-edizioni.com